24 MAI 1877

24 Mai 1877.

V

CATALOGUE

DU

MOBILIER

DE

Mlle Cora PEARL

GARNISSANT SON HOTEL

101, Rue de Chaillot, 101

COMMISSAIRE-PRISEUR
Me CHARLES PILLET
10, rue de la Grange-Batelière.

EXPERT
M. CHARLES MANNHEIM
7, rue Saint-Georges.

CATALOGUE

DES

MOBILIER

ARGENTERIE

OBJETS D'ART ET TABLEAUX

GARNISSANT L'HOTEL

DE

Mlle Cora PEARL

101, RUE DE CHAILLOT, 101

OU LA VENTE AURA LIEU

Les jeudi 24 et vendredi 25 mai 1877

A DEUX HEURES

Par le ministère de Me CHARLES PILLET, Commissaire-Priseur
10, rue de la Grange-Batelière;

Assisté de M. CHARLES MANNHEIM, Expert, 7, rue Saint-Georges,

Chez lesquels se trouve le présent Catalogue.

EXPOSITIONS { *PARTICULIÈRE* : le *Mardi* 22 *Mai* 1877.
PUBLIQUE : le *Mercredi* 23 *Mai* 1877.

DE UNE HEURE A CINQ HEURES.

CONDITIONS DE LA VENTE

Elle sera faite au comptant.

Les adjudicataires payeront *cinq pour cent* en sus des enchères.

L'exposition mettant le public à même de se rendre compte de l'état des objets, il ne sera admis aucune réclamation une fois l'adjudication prononcée.

Paris. — Typ. Pillet et Dumoulin, 5, rue des Grands-Augustins.

DÉSIGNATION DES OBJETS

REZ-DE-CHAUSSÉE

VESTIBULE

1 — Quatre rideaux-portières en reps noir ornés d'application de fleurs.

2 — Deux grands vases en forme de balustre à deux anses en porcelaine de Chine à fleurs gaufrées et gravées, émaillées blanc sur fond vert d'eau.

3 — Divan et trois coussins en velours noir soutaché d'ornements en soie de style oriental.

4 — Grande glace bordée de velours noir.

5 — Stalle de style gothique en bois sculpté à nervures, feuillages et fleurs de lis.

6 — Un brasero en forme de dôme en cuivre repercé à jour; il est supporté par trois pieds de lion et surmonté d'un cygne.

7 — Jardinière en bois noir sculpté garnie d'une plaque en faïence, à ornements jaunes en relief sur fond bleu.

8 — Un vase en terre émaillée de la Chine à médaillons d'oiseaux en relief sur fond brun.

SALLE DE BILLARD

9 — Grand billard en bois d'érable et bois noir à filets marbrés, incrustés d'imitation de lapis. Jeu de billes et accessoires.

10 — Un grand divan et deux petits en maroquin rouge capitonné.

11 — Un guéridon et deux chaises en bois sculpté et marqueté à fleurs, ornements et groupes d'animaux, de travail suisse.

12 — Garniture de cheminée composée : d'une pendule en marbre noir, surmontée d'une statuette de Diane en bronze ; deux petits vases en bronze sur socles en marbre et deux candélabres à six lumières en bronze vert de style antique.

13 — Galerie de foyer à figures de lions ailés, pare-étincelles éventail en bronze de style antique et porte-pelle et pincettes avec accessoires.

14 — Quatre rideaux de vitrage et quatre stores en mousseline brodée.

15 — Quatre grands rideaux garnissant deux fenêtres et deux portières en satin grenat.

16 — Quatre tableaux par E. de Laussac ; portraits des chevaux : Tricolor, Black et Musty.

17 — Tapis en moquette à fleurs sur fond blanc recouvrant la pièce

SALLE D'ATTENTE

18 — Deux garnitures de fenêtres et deux portières en satin grenat avec lambrequins, embrasses et franges.

19 — Deux canapés et deux fauteuils capitonnés couverts de même étoffe.

20 — Commode Louis XV en bois de rose, avec poignées et chutes en bronze doré, et dessus de marbre blanc.

21 — Commode Louis XV, à trois tiroirs en bois de rose marqueté et ornements en bronze.

22 — Pendule en marbre rouge et deux candélabres à quatre lumières en bronze de style antique.

23 — Deux groupes formant girandoles à trois lumières composés de figures de jeune homme et de jeune femme en costume Louis XV, en porcelaine sur socles en bronze.

24 — Deux glaces biseautées avec bordures dorées à palmiers et fronton rocaille.

ESCALIER

25 — Deux grandes jardinières en porcelaine genre Saxe à médaillons, sujets chinois sur trépieds en bronze de style antique.

26 — Tapis-chemin en moquette et tringles en cuivre.

27 — Une peau de lion formant tapis.

28 — Une peau de tigre formant tapis.

29 — Une peau d'ours blanc formant tapis.

PREMIER ÉTAGE

PALIER

30 — Deux jardinières en céladon à ornements gaufrés en blanc sur fond olive ; elles sont ornées de riches montures en bronze doré à anses et tores de lauriers.

31 — Deux fûts de colonnes cannelées en bois noir garnis d'ornements en bronze doré.

22 — Cinq chaises en bois incrusté d'ivoire, travail dit certosine.

33 — Quatre belles portières orientales en cachemire à bandes d'ornements dorés appliqués sur fonds variés de nuances.

34 — Statue en marbre blanc du temps de Louis XV, Paris debout, grandeur nature.

SALLE A MANGER

35 — Deux rideaux de fenêtre avec un très-large lambrequin et douze rideaux portières en reps brun à bandes transversales d'ornements et d'animaux en couleurs.

36 — Ameublement en bois de chêne sculpté à cariatides, fleurs, fruits et ornements, composé de : un buffet à deux corps dont le haut est vitré, un buffet et deux encoignures à étagères, une table à cinq rallonges, et de quatorze chaises garnies en reps pareil aux rideaux.

37 — Garniture de cheminée en cuivre poli de style Louis XIV, composée d'une pendule surmontée d'une figure de Minerve et de deux candélabres à neuf lumières.

38 — Deux flambeaux à balustres et ornements à jour, une sonnette et un vide-poche, le tout en cuivre poli.

39 — Deux lampes en faïence moderne avec montures en cuivre oxydé ; deux grands chenets de style Louis XIII en cuivre poli, porte-pelle et accessoires.

40 — Trois très-grands plats en cuivre à bustes, ornements, fleurs et fruits en relief.

41 — Corbeille Louis XIII en cuivre repoussé.

42 — Faïence de Rouen : grand plat rond à décor bleu ; au marli, ornements à lambrequins, au centre, des armoiries soutenues par deux lions.

43 — Même fabrique. — Plat rond à bord contourné, décor polychrome dit à la corne.

44 — Faïence de Nevers. — Grand plat rond à décor bleu, il offre au centre un sujet de chasse dans un médaillon rond et des ornements au marli.

45 — Faïence de Moustier. — Grand plat rond à bord contourné; il est décoré en couleurs, d'ornements au marli et d'un médaillon de paysage avec figures au centre.

46 — Fabrique de Castelli. — Plateau rond sur piédouche, représentant Jupiter assis sur des nuages, avec monument en ruine au premier plan et fond de paysage.

47 — Deux compotiers ronds en porcelaine de Chine à décor bleu et bordure à jour.

48 — Grand et beau plat en ancienne porcelaine du Japon, décoré en couleurs, de trois médaillons au bord, et d'un vase de fleurs au centre.

49 — Autre plat de même dimension et de décor analogue.

50 — Plat de même porcelaine, décoré en couleurs, de branchages, de fleurs et d'oiseaux.

51 — Grand plat rond, décor à lambrequin au bord, et au centre d'un vase de fleurs.

52 — Faïence italienne. — Deux grands vases à couver-

cles, en forme de balustre à godrons, décorés de figures d'enfants et d'ornements en camaïeu bleu.

53 — Deux grands plats ronds en ancienne porcelaine du Japon, entièrement couverts par un décor de fleurs-arabesques en bleu.

54 — Grand vase à deux anses de style antique en porcelaine blanche.

55 — Deux cache-pots en cuivre poli de style Louis XIV.

56 — Petit plateau Louis XIII, de forme ovale, en cuivre repoussé, à corbeille de fleurs, oiseaux et rinceaux.

57 — Trois plateaux ovales en cuivre de style Louis XIII.

58 — Quatre assiettes en faïence blanche anglaise à bordures à jour.

59 — Quatre plats en faïence italienne, décorés d'une corbeille de raisins au centre.

60 — Trois brocs, une choppe et un pot à tabac en faïence moderne.

61 — Deux vases en grès à décor de style mauresque, sur socles en terre peinte.

62 — Grand tapis en moquette couvrant la pièce.

ARGENTERIE

63 — Une soupière ovale et deux légumiers avec double fonds. Les couvercles sont garnis de boutons formés par des fruits en argent ciselé.

64 — Une coupe sur pied haut en argent repoussé à feuilles et ornements.

65 — Quatre plateaux ovales de différentes grandeurs.

66 — Deux plats ronds pour entrées.

67 — Douze tasses avec soucoupes et douze cuillers en argent guilloché, les anses des tasses sont formées par des cariatides.

68 — Six salières formées de petits baquets et six pelles à sel.

69 — Une saucière.

70 — Une cafetière à lobes en spirales.

71 — Une ménagère garnie de six flacons.

72 — Deux petites salières Louis XVI, de forme ronde.

73 — Six coquetiers et six petites cuillers.

74 — Douze rince-bouches.

75 — Petit service à thé composé de : un plateau, une petite bouilloire et sa lampe, une théière, un sucrier, un pot à crème, une cuiller et une pince à sucre.

76 — Six coquilles à huîtres.

77 — Six porte-menus à perles et rubans.

78 — Deux porte-cure-dents en forme de vases guillochés en spirales.

79 — Petit moulin à poivre dans le style Louis XVI, orné de guirlandes de laurier et de deux figures d'amour.

80 — Six salières à double-fonds, en argent ciselé et guilloché.

81 — Six cuillers et six fourchettes en argent ciselé et gravé, les manches sont terminés par une figurine d'apôtre.

82 — Une lampe à esprit-de-vin se renfermant dans une boîte.

83 — Onze fourchettes à huîtres.

PLAQUÉ

84 — Une passoire à thé.

85 — Quatre coupes de surtout en cuivre argenté à figures d'enfants.

86 — Quatre plats à dessert à bordures formées de guirlandes de feuilles de vigne, en cuivre ciselé et argenté.

87 — Deux grands plateaux, l'un carré et l'autre ovale en plaqué, et deux petits plateaux à lettres en galvano.

GRAND SALON

88 — Deux girandoles à sept lumières en bronze doré garnies de boules, plaquettes et guirlandes en cristal; socles en onyx d'Algérie.

89 — Groupe en marbre blanc, Psyché et l'Amour.

90 — Deux grands chenets en bronze doré, modèle à vases sur socles ornés de guirlandes de fleurs et médaillons de style Louis XV.

91 — Six rideaux de fenêtres et six stores en guipure.

92 — Six grands rideaux et lambrequins garnissant trois fenêtres en satin grenat ornés de passementeries et franges dorées; galeries en bois doré.

93 — Dix rideaux-portières et un lambrequin d'entre-deux de même étoffe.

94 — Ameublement de salon en bois sculpté et doré de style Louis XVI, recouvert de satin grenat semblable aux rideaux, composé d'un grand canapé et deux autres de moyenne grandeur, huit fauteuils, six chaises et une borne de milieu à quatre places.

95 — Une grande table de style Louis XVI en bois doré à entre-jambes orné d'un vase et à dessus en onyx d'Algérie.

96 — Deux consoles à angles arrondis analogues à la table qui précède.

97 — Une jardinière en bois doré de même style.

98 — Deux supports à trépieds dorés, ornés de volutes, feuilles d'acantes et pieds griffes de lion.

99 — Deux cassolettes en porcelaine de Saxe décorées de fleurs et montées à anses en bronze doré.

100 — Deux grands vases de forme contournée en porcelaine fond bleu turquoise à médaillons, représentant

des nymphes et des baigneuses encadrés par des ornements d'or à guirlandes et festons de fleurs.

Ils sont ornés de riches montures en bronze doré de style Louis XV.

101 — Deux aiguières en bronze à frises, jeux d'enfants, têtes de béliers et anses surmontées d'une figure d'amour.

102 — Deux cassolettes en porcelaine du Japon avec montures en bronze doré à têtes d'enfants et pieds de biches.

103 — Elégante jardinière en bois d'ébène richement décorée de moulures et d'ornements en bronze finement ciselé et doré. Elle repose sur quatre pieds terminés par des têtes de béliers et reliés par un entre-jambe au milieu duquel est placée une figure de femme en bronze doré. Cette dernière supporte une galerie de rinceaux et d'ornements ciselés à jour reliée aux pieds par des guirlandes de fleurs. Deux sphinx sont placés au milieu de cette galerie et servent de supports à la jardinière. Le socle contourné en bois noir a une moulure en bronze doré.

Cette pièce a obtenu une médaille d'honneur à l'Exposition universelle de 1867.

104. — Glace Louis XVI en bois doré à guirlande de lauriers et fronton orné d'un médaillon.

105 — Un vase forme bouteille en porcelaine craquelée.

106 — Deux vases forme balustre carré, en ancienne porcelaine de Chine à fond gros bleu et décor d'or. Les feuilles vertes sont peintes à froid.

107 — Vase en ancienne porcelaine de Chine gros bleu à décor d'or, il est garni d'une monture en bronze finement ciselé et doré de style Louis XIV.

108 — Deux figurines d'enfants en bronze à patine foncée, l'un joue du tambour de basque et l'autre du triangle.

109 — Groupe en bronze, Hercule et Antée.

110 — Groupe en bronze, nymphe surprise par un satyre.

111 — Brûle-parfum chinois en bronze, Confucius sur un cerf.

112 — Grande vasque ronde en émail cloisonné à feuillages et fleurs sur fond rouge et bande de rosaces sur fond blanc, elle est montée en bronze doré et garnie de quatre anses carrées et palmettes. Cette pièce sort des ateliers de Barbedienne.

113 — Six tabourets de pieds en bois doré recouverts de broderies à fleurs et ornements.

114 — Grand lustre à quarante-huit lumières en bronze et cristaux.

115 — Quatre appliques à six lumières analogues au lustre.

116 — Guéridon rond en mosaïque de Rome réprésentant au centre des monuments en ruines.

TABLEAUX

117 — G. Washington. — Femme offrant à boire à deux cavaliers arabes.

118 — Platzer (attribués à). — Deux pendants; sujets mythologiques.

PETIT SALON

119 — Pendule de style Louis XVI, en bronze ciselé et doré, modèle à fronton soutenu par des consoles à volutes et surmonté d'un vase; sur socle en marbre blanc orné d'une frise d'ornements et de feuilles d'acante.

120 — Deux candelabres à dix lumières, de même style.

121 — Galerie de foyer à cariatides se terminant en gaînes, figures d'amours et guirlandes de lauriers en bronze doré.

122 — Quatre rideaux de vitrage et quatre grands stores en guipure.

123 — Quatre grands rideaux garnissant les deux fenêtres et deux lambrequins en satin vert d'eau richement garnis de passementeries et de franges. Galeries en bois sculpté et doré de style Louis XVI.

124 — Six rideaux-portières et un lambrequin d'entre-deux de même étoffe.

125 — Meuble de salon Louis XVI en bois sculpté, peint en noir et doré, recouvert de satin de soie vert d'eau à fleurs et ornements blancs brochés. Il est composé de deux canapés, deux fauteuils, quatre chaises et d'une chaise longue en trois parties.

126 — Très-bel écran Louis XVI en bois sculpté et doré, avec feuille en ancienne tapisserie de Beauvais représentant un sujet d'après Fragonard : Le Verrou.

127 — Belle console de style Louis XVI, en bois sculpté et doré à frise de rinceaux à jour, guirlandes de fleurs et entre-jambes supportant un vase de fleurs. Dessus en marbre blanc.

128 — Petite console de même style à angles arrondis et à dessus de marbre.

129 — Joli guéridon rond décoré d'une composition d'a-

près Boucher, peinte par Schilt de Sèvres; Vénus et amours assis sur des nuages. Le pied est en bronze ciselé et doré.

130 — Petit guéridon en porcelaine tendre décoré des figures des saisons; sur trépied en bronze doré.

131 — Deux glaces avec bordures dorées à branches de palmiers.

132 — Statuette en bronze : le Danseur napolitain, d'après Duret.

133 — Deux figures de baigneuses en bronze, d'après Allegrain et Falconet.

134 — Jardinière en bronze argenté supportée par un trépied à entre-jambes décoré de mascarons et d'ornements.

135 — Médaillon ovale en marbre blanc, représentant un buste d'homme de l'époque Louis XIV. Cadre sculpté et doré.

135 *bis* — Lustre à trente lumières en bronze garni de cristaux et deux appliques à six lumières analogues au lustre.

TABLEAUX

136 — Loutrel, 1868. — Souvenirs.

137 — H. Aussandon, 1866. — **La cigale et la fourmi.**

LIVRES

137 bis. — Histoire de Don Quichotte en deux volumes, grand in-4°, illustrations de Gustave Doré. La Sainte-Bible, en deux volumes, grand in-4°, illustrations de Gustave Doré.

PALIER DU DEUXIÈME ÉTAGE

138 — Deux supports formés de négrillons agenouillés en bois sculpté.

139 — Grande potiche à couvercle en porcelaine moderne du Japon, médaillons de personnages, rosaces et ornements ; socle en bois noir.

140 — Un guéridon formé d'un parasol en broderie chinoise, tenu par un personnage chinois assis, en bois laqué et doré.

141 — Deux tabourets en bambou doré, garnis en étoffe orientale à ornements brodés en argent appliqués sur fond rouge et or.

142 — Coffre-banquette en reps capitonné à bandes de fleurs en broderie de laine.

143 — Deux figures en bronze de Barbedienne. Diane et Sapho.

144 — Deux guéridons, trépieds à têtes et pieds de lions en bronze de style antique et à dessus de marbre.

144 *bis* Quatre rideaux-portières en reps noir ornés d'applications de fleurs brodées en couleurs.

ANTICHAMBRE

145 — Porte-manteau en chêne sculpté avec glace.

146 — Un jeu d'haltères et leur support en palissandre.

BOUDOIR

147 — Tenture de la pièce, etc. Quatre rideaux garnissant deux fenêtres et quatre portières en reps gris clair avec bandes en algérienne à fond rouge, appliquées sur les bords. Embrasses et deux galeries avec franges.

148 — Un canapé et trois fauteuils capitonnés recouverts de même étoffe que les tentures.

149 — Pendule de style Louis XVI en marbre blanc et jeux d'amours sur des nuages en bronze doré et ciselé au mat. Le socle est garni d'ornements et de guirlandes de fleurs en bronze finement ciselé et doré.

150 — Deux lampes en forme de vases ovoïdes en porcelaine blanche décorés d'amours et de fleurs en or, avec montures de style Louis XVI en bronze doré.

151 — Quatre figurines d'oiseaux par Pautrot et deux taureaux par Bonheur, en bronze.

152 — Galerie de foyer, pelles, pincettes et tisonnier en bronze et acier poli.

153 — Lustre à vingt-quatre lumières et quatre appliques à trois lumières en cristaux de couleurs de Baccarat.

154 — Beau bureau italien avec casier de forme monumentale à portes et tiroirs en bois noir orné de plaques d'ivoire gravé à figures, rinceaux et ornements; il est supporté par quatre pieds reliés par un entre-jambes.

155 — Table de même style que le bureau qui precède.

156 — Vitrine de même travail.

157 — Deux poufs en bois doré simulant des cordes garnis en satin broché de fleurs.

158 — Boite et sa table en bois de rose marqueté, renfermant toutes espèces de jeux : damier, cartes, échecs, dominos, etc.

159 — Chiffonnier-secrétaire en bois noir garni de bronze.

160 — Une petite jardinière et son plateau en émail cloisonné de Barbedienne à fleurs et arabesques sur fond bleu turquoise et parties en bronze doré ciselées à jour dans le style oriental.

161 — Deux cache-pots avec plateaux en porcelaine craquelée de la Chine.

162 — Deux flambeaux, une sonnette et un couteau à papier en malachite et bronze doré.

163 — Un miroir Louis XIII avec bordure en cuivre repoussé et argenté offrant des amours mascarons et ornements.

164 — Pêcheur napolitain ; bronze par Carpeaux.

165 — Figure de Vénus accroupie d'après l'antique ; bronze.

166 — Vase en bronze de style antique à anses mascarons têtes barbues.

167 — Mercure en bronze d'après Jean de Bologne ; socle rond à jeux d'enfants en bas-relief.

168 — Groupe en bronze par Perraud, faune jouant avec un enfant.

169 — Groupe en porcelaine de Berlin : Vénus sur un char.

170 — Boîte oblongue en ancienne porcelaine de Saxe, décorée de bouquets de fleurs.

171 — Deux petits plateaux ovales en faïence de Trévise, décorés de fruits, et deux vide-poches en forme de coquilles soutenues par six dauphins en porcelaine italienne.

172 — Quatre petites figurines en ivoire et un étui en laque du Japon, deux petites figurines en porcelaine,

173 — Soupière et son plateau en porcelaine de Saxe, décorée de fleurs. Le bouton du couvercle est formé par un citron.

174 — Trois éventails dont deux avec montures Louis XV, en ivoire.

175 — Boîte en ivoire gravé, avec miniature. Portrait de femme peint en grisaille à l'intérieur.

176 — Deux petites boîtes cassolettes en argent repoussé.

177 — Six assiettes en porcelaine de Sèvres, décorées au marli d'ornements en or, sur fond violet.

178-179 — Une corbeille à jour, un plateau en forme de feuille et une girandole rocaille en porcelaine de Saxe, à décor de fleurs.

180 — Deux petites assiettes en faïence de Castelli.

181 — Groupe en faïence. Le Savetier.

182 — Deux petits brûle-parfums en bronze japonais.

183 — Un flambeau et une trompe en verre de Venise.

184 — Un miroir ovale garni de filigrane d'argent.

185 — Un coffret en maroquin vert et garniture en bronze doré.

186 — Éventail avec très-riche monture en nacre de perle sculptée et dorée, offrant un médaillon, sujet mythologique, ornements, fleurs et oiseaux repercés à jour. La feuille représente une sortie de l'Opéra, peinte à l'aquarelle.

187 — Un éventail en point d'Angleterre, avec monture en ivoire.

188 — Un autre éventail en dentelle noire de Chantilly, avec monture en écaille.

189 — Sept autres éventails divers avec feuilles peintes et montures en nacre, en écaille et en ivoire.

190 — Ombrelle en dentelle noire de Chantilly, avec manche en ivoire sculpté et jaspe sanguin.

191 — Autre ombrelle garnie en dentelle de Chantilly, manche en ivoire à pomme d'or.

192 — Ombrelle garnie de dentelle blanche sur soie violette, manche en ivoire sculpté.

193 — Deux vases évasés en cristal taillé, avec pieds en bronze ciselé, argenté et doré.

194 — Deux flambeaux ornés de figurines d'enfants, en cuivre émaillé à froid.

195 — Coffret en bois d'ébène sculpté à moulures et cariatides, garni sur ses côtés de cinq plaques en porcelaine moderne de Capo di Monte, à sujets mythologiques en relief.

196 — Cabinet en laque du Japon, à fleurs et feuillages.

197 — Boîte à gants en émail de Chine, découpée à jour.

198 — Un miroir rond avec bordure en cuivre émaillé et gravé.

199 — Une coupe en bronze oxydé et doré, offrant au centre une figurine de Minerve en haut-relief. Trésor d'Hildesheim.

200 — Une autre coupe en bronze oxydé et gravé, anses à mascarons et pieds à griffes de lion.

201 — Garniture de bureau composée de dix pièces, buvard, flambeaux, bougeoir, horloge, boîtes à plumes, etc., en bronze doré.

202 — Guéridon rond en palissandre marqueté d'un bouquet à fleurs peintes.

203 — Trois chaises bois doré, garnies en tapisserie à la main.

204 — Six écrans en bois doré et tapisserie à la main à armoiries.

205 — Une veilleuse en bronze doré découpé à jour, sur socle en onyx d'Algérie.

TABLEAUX

206 — H. Gudin. — Marine : bateau venant échouer près d'une falaise.

207 — H. Gudin. — Marine : vaisseau en pleine mer par un temps calme, effet de nuit.

208 — A. Cortès. — Vaches et moutons dans une prairie.

209 — Luminais. — Le Marché aux chevaux.

210 — Svertchkow. — Type de cheval cosaque.

211 — Battoni. — Joseph et Putiphar.

212 — Genre Chasle. — La Déclaration.

213 — Genre Teniers. — Intérieur flamand.

214 — Dietrich. — Paysage.

215 — Ch. Chaplin, 1847. — Paysage avec constructions.

CHAMBRE A COUCHER

216 — Grand lit en velours noir capitonné.

217 — Tenture de lit en satin noir à raies brochées de fleurs sur fond jaune avec ciel de lit en bois sculpté et doré de style Louis XVI et baldaquin.

218 — Quatre rideaux de fenêtres et trois de portières en satin semblables à la tenture du lit et trois galeries en bois sculpté et doré de style Louis XVI avec tablette et rideaux de cheminée.

219 — Pendule en bronze doré de forme cintrée, surmontée d'une grande figure de nymphe en porcelaine genre Saxe.

220 — Deux vases de forme ovoïde à côtes à décor à médaillons représentant des cavaliers et à bouquets de fleurs. Ils sont montés en lampes en bronze doré.

221 — Grande glace avec bordure en porcelaine genre Saxe, décorée de guirlandes de fleurs en relief et d'une figure d'amour sur le fronton.

222 — Autre glace de forme contournée avec bordure entièrement composée d'ornements, de fleurs et de figures d'enfants en porcelaine de Saxe. Elle est garnie de deux girandoles à trois lumières.

223 — Deux supports de suspension et d'angles à figures et ornements en bois sculpté et doré.

TABLEAUX

224 — Squarcione (Francesco), 1394-1474. — Le Massacre des Innocents.

225 — Squarcione. — La Fuite en Égypte.

226 — Alfred de Dreux. — Deux chevaux attachés à un arbre.

227 — H. Baron. — Réunion galante.

228 — Decamps. — Chiens bassets au chenil. Dessin à la sépia.

229 — Seize tableaux peints sur porcelaine et représentant des scènes tirées de la mythologie. Dans des cadres noirs de style Louis XVI.

230 — Une table à ouvrage Louis XVI de forme ovale en bois de rose avec galerie de cuivre.

231 — Quatre miniatures ovales, portraits de femmes sur porcelaine et sur ivoire.

232 — Lustre à douze lumières en porcelaine de Saxe style rocaille, décoré de bouquets de fleurs et de figurines.

www.ingramcontent.com/pod-product-compliance
Ingram Content Group UK Ltd.
Pitfield, Milton Keynes, MK11 3LW, UK
UKHW021117290826
14628UKWH00014B/2602

9 782329 528687